Resep Rum 2023 untuk pemula

Banyak Resep untuk mengejutkan teman-teman Anda!

Zizi Zulaika

DAFTAR ISI

MARTINI Sari JERUK GOSLING

3 ons. Rum Bermuda Emas Gosling

1 sendok teh. campuran kayu manis-gula

irisan jeruk

3 ons. sari buah apel, dinginkan

¼ ons. jus jeruk

¼ ons. Cointreau

twist oranye untuk hiasan

Tempatkan gula kayu manis di piring. Gosok irisan jeruk di sekitar tepi gelas martini dan celupkan ke dalam gula kayu manis. Kocok sisa bahan di atas es dan saring ke dalam gelas martini berbingkai. Hiasi dengan sentuhan oranye.

PUNCH ANGGUR

1¼ ons. Rum ringan Bacardi

jus anggur untuk diisi

irisan jeruk nipis atau lemon

Tuang rum ringan Bacardi ke dalam gelas tinggi di atas es. Isi dengan jus anggur dan tambahkan perasan jeruk nipis atau lemon.

BELANG

1 ons. Rum ringan Bacardi

¼ ons. Hiram Walker green creme de menthe

½ ons. krim

Blender dengan es batu.

PENGGALI KUBURAN

½ ons. Stroh 80 rum

½ ons. Rum Malibu

½ ons. Midori

3 ons. jus nanas

Sajikan di atas es dalam gelas tinggi.

PUTIH BESAR

1 ons. Rum Great White Whaler

1 ons. Jus cranberry

4 ons. jus jeruk

irisan lemon untuk hiasan

Tuang bahan ke dalam gelas koktail di atas es. Hiasi dengan irisan lemon.

MONYET HIJAU

1½ ons. Rum pisang tropis Malibu

¾ bagian cairan melon

1½ ons. asam segar

1½ ons. jus nanas

Kocok dengan es. Sajikan di atas es.

BURUNG HIJAU

1½ ons. Rum Appleton Estate V/X

4 ons. jus jeruk

1 ons. curacao biru

irisan jeruk untuk hiasan

Tuang bahan, satu per satu sesuai urutan yang tercantum di atas, ke dalam gelas besar bertangkai di atas es. Jangan di campur. Hiasi dengan irisan jeruk.

GUAYAVITA

1½ ons. Rum Flor de Caña Grand Reserve berusia 7 tahun

1 ons. bubur jambu

2 ons. campuran asam

Kocok dan sajikan di atas batu.

GILLIGAN HAPPY ENDING

1 ons. Rum kelapa Malibu

1 ons. Rum Mangga Malibu

1 ons. Rum pisang tropis Malibu

½ ons. Jus cranberry

½ ons. jus nanas

ceri untuk hiasan

Kocok dengan es dan sajikan di atas batu. Hiasi dengan ceri.

TOPI KERAS

1¼ ons. Rum Bacardi Silver

1¼ ons. air jeruk nipis segar

1 sendok teh. Gula

¼ ons. granat Rose

soda klub untuk diisi

Kocok tiga bahan pertama dengan es dan saring menjadi 10 ons. kaca. Isi dengan soda klub.

HAVANA PISANG FIZZ

2 ons. Rum ringan

2½ ons. jus nanas

1½ ons. air jeruk nipis segar

3–5 serang pahit Peychaud

1/3 buah pisang, potong-potong

soda lemon pahit untuk diisi

Blender lima bahan pertama. Isi dengan soda lemon pahit.

HAVANA SIDECAR

1½ ons. Rum emas Puerto Rico

¾ ons. jus lemon

¾ ons. tiga sec

Campur dengan 3-4 es batu.

KHUSUS HAVANA

2 ons. Rum putih

1 sendok teh. minuman keras ceri maraschino

½ sdm. Gula

1 ons. jus lemon atau jeruk nipis

Kocok dan sajikan di atas batu.

DAISY HAWAIIAN

1½ ons. Rum ringan Bacardi

1 ons. jus nanas

¼ ons. jus lemon atau jeruk nipis

¼ ons. Grenadine

soda klub ke atas

Tuang empat bahan pertama ke dalam gelas dan taburi dengan soda klub.

HULA HAWAI

1½ bagian rum pisang tropis Malibu

¾ bagian nektar jambu biji

¾ bagian campuran asam segar

pembuka botol oranye untuk hiasan

Kocok dan saring ke dalam gelas martini. Hiasi dengan pembuka botol oranye.

MALAM HAWAI

1 ons. Rum ringan Bacardi

¼ ons. Brandy rasa ceri Hiram Walker

jus nanas untuk diisi

Tuang rum ringan Bacardi ke dalam gelas tinggi yang setengahnya berisi es. Isi dengan jus nanas dan apungkan brendi rasa ceri di atasnya.

Tukang sepatu PERKEBUNAN HAWAIIAN

1½ ons. Rum Cadangan Pyrat XO

½ ons. Minuman keras sitrun

1½ ons. manis dan asam segar

½ ons. sirup sederhana

½ potong nanas kupas

bir jahe

setangkai mint untuk hiasan

jahe mengkristal untuk hiasan

Kocok lima bahan pertama. Isi dengan ginger ale, lalu tuangkan ke dalam gelas di atas es. Hiasi dengan daun mint segar dan jahe mengkristal.

118

HEMINGWAY DAIQUIRI

1½ ons. 10 rum tebu

½ ons. Minuman keras ceri Luxardo maraschino

1 ons. jus grapefruit segar

½ ons. air jeruk nipis segar

½ ons. sirup sederhana

roda kapur untuk hiasan

ceri hitam untuk hiasan

Campurkan semua bahan dalam gelas pencampur. Tambahkan es dan kocok kuat-kuat. Saring ke dalam gelas koktail dingin. Hiasi dengan roda kapur dan ceri hitam di tusuk sate.

SAPI PISANG SUCI

1 ons. Rum Shango

1 ons. creme de pisang

1½ ons. krim

lari grenadin

irisan pisang untuk hiasan

pala parut untuk hiasan

Kocok dengan es serut dan saring ke dalam gelas. Taburi dengan irisan pisang dan taburi sedikit dengan pala.

RUM PANAS BERMENTEGA

1 ons. Rum Vanille Whaler, per sajian

1 cangkir gula

1 cangkir gula merah

1 cangkir mentega

2 cangkir es krim vanila

¾ gelas air mendidih, per porsi

pala parut untuk hiasan

Campurkan gula dan mentega dalam panci berukuran 2 liter. Masak dengan api kecil, aduk sampai mentega meleleh. Campurkan campuran yang sudah dimasak dengan es krim dalam mangkuk besar dan kocok dengan kecepatan sedang hingga halus. Simpan dalam lemari es hingga 2 minggu atau beku hingga sebulan. Untuk setiap sajian, isi ¼ cangkir dengan campuran, dan tambahkan 1 ons. Vanille Rum Whaler dan ¾cangkir air mendidih. Taburi dengan pala.

RUM PANAS DAN CIDER PUNCH

1 botol (750 ml) rum ringan Don Q

½ galon sari apel

cengkeh untuk hiasan

irisan lemon untuk hiasan

batang kayu manis untuk hiasan

Tuang rum ringan Don Q ke dalam mangkuk dan tambahkan sari apel yang dipanaskan. Mengaduk. Hiasi dengan irisan lemon yang menempel dengan cengkeh. Tambahkan batang kayu manis ke setiap cangkir punch untuk meningkatkan rasa. Melayani 12.

AYAH VOODOO PANAS

1 ons. Rum berbumbu VooDoo

½ ons. schnapp butterscotch

5 ons. coklat panas

krim kocok ke atas

Campurkan tiga bahan pertama dalam cangkir dan taburi dengan krim kocok.

JAM GLASS

1½ ons. Rum berbumbu Premium Admiral Nelson

4 ons. jus jeruk

percikan granatin

Sajikan di atas es.

PALU

1 ons. Rum berbumbu Premium Admiral Nelson

1 ons. Kopi Caffe Lolita

2 sendok es krim vanila

Blender dengan es serut dan sajikan dalam gelas dekoratif.

BADAI ANDREW

1 ons. Rum berwarna Cockspur Five Star

1 ons. Rum putih Cockspur

1 ons. Sirup Orgeat

1 ons. jus markisa

3 ons. jus jeruk

½ ons. jus jeruk nipis

ceri maraschino untuk hiasan

irisan jeruk untuk hiasan

Kocok rata dengan es dan tuangkan ke dalam gelas badai dingin. Hiasi dengan ceri maraschino, irisan jeruk, dan payung.

PEMECAH ES

½ ons. Rum gelap asli Myers

¼ ons. krim de noya

¼ ons. Cognac

¼ ons. gin

2 ons. jus lemon

1 ons. jus jeruk

Menggoyang.

DI PINK

1¼ ons. Krim rum asli Myers

1 ons. Coco Lopez krim kelapa asli

1 sendok teh. Grenadine

Blender dengan es.

MISS INDIFERENT

¾ ons. Kapten Morgan Rum asli berbumbu

¾ ons. jus jeruk nipis

1 sendok teh. sirup sederhana

3 ons. klub soda

Tuang rum, jus, dan sirup di atas es dalam gelas. Mengaduk. Tambahkan soda dan aduk perlahan.

MAI TAI INTERNASIONAL

½ ons. Rum Malibu

½ ons. Rum gelap asli Myers

½ ons. Rum

1 sendok teh. Sirup Orgeat

2 ons. jus nanas

2 ons. campuran manis dan asam

Blender dengan es. Sajikan dalam gelas tinggi.

Es Teh ISLA GRANDE

1½ ons. Rum gelap Puerto Rico

3 ons. jus nanas

3 ons. es teh diseduh tanpa pemanis

irisan lemon atau jeruk nipis untuk hiasan

Tuang ke dalam gelas tinggi dengan es. Hiasi dengan irisan lemon atau jeruk nipis.

PULAU SENJA

1 ons. Rum Cagar Langka Whaler

1 ons. Rum Great White Whaler

1 sendok teh. sirup markisa

2 sdt. jus jeruk nipis

lari grenadin

irisan jeruk nipis untuk hiasan

Kocok dan tuangkan ke dalam gelas badai dingin di atas es. Hiasi dengan irisan jeruk nipis.

VOODOO PULAU

1½ ons. Rum berbumbu VooDoo

1½ ons. RedRum

2 ons. jus jambu

2 ons. jus mangga

½ ons. air jeruk nipis segar

½ ons. jus lemon segar

Blender dengan es dan sajikan dalam gelas tinggi.

COLADA ITALIA

1½ ons. Rum putih Puerto Rico

¾ ons. krim manis

¼ ons. Coco Lopez krim kelapa asli

2 ons. jus nanas

¼ ons. Amaretto

Blender dengan 1 sendok es serut.

GIOK

1½ ons. Rum putih Puerto Rico

¾ ons. jus jeruk nipis

1 sendok teh. Gula

lari tiga detik

dash green creme de menthe

Menggoyang. Sajikan di atas es.

SALJU JAMAIKA

1¼ ons. Rum

½ ons. curacao biru

2 ons. Coco Lopez krim kelapa asli

2 ons. jus nanas

Blender dengan 2 cangkir es.

LIBUR JAMAIKA

11/3 ons. Rum Jamaika Appleton Estate V/X

½ buah persik (kupas atau kalengan)

air perasan ½ jeruk nipis

1 sendok teh. Gula

irisan persik untuk hiasan

Blender dengan 1 sendok es serut. Sajikan dalam gelas koktail. Hiasi dengan irisan buah persik.

Goyang JAMAIKA

1 gelas rum gelap Asli Myers

½ gelas wiski campuran

2 ons. susu atau krim

Blender dengan es.

SENJA JAMAIKA

2 ons. Rum Wray & Keponakan

2 ons. Jus cranberry

3 ons. jus jeruk segar

Kocok semua bahan dengan es dan saring ke dalam gelas Collins yang berisi es.

PANGGILAN WAKE-UP JAMAIKA

1½ ons. Rum Jamaika Appleton Estate V/X

kopi hitam panas untuk mengisi

krim kocok ke atas

Tuangkan rum Appleton Estate V/X Jamaica ke dalam cangkir kopi. Isi dengan kopi dan atasnya dengan krim kocok.

KEKASIH CEMBURU

2 ons. Rum Starr Afrika

3 stroberi besar

½ ons. air jeruk nipis segar

½ ons. jus nanas

¾ ons. sirup sederhana

Stroberi campur aduk. Kocok dengan es dan saring ke dalam gelas martini.

BANTUAN KEREN JONESTOWN

2 ons. RedRum

½ ons. jus nanas

½ ons. Jus cranberry

Kocok dengan es. Sajikan sebagai koktail atau bidikan.

JUMBLE BREW

1 ons. Rum kelapa Cruzan

1 ons. Rum nanas Cruzan

3 ons. jus jeruk

perasan jeruk nipis

Campurkan tiga bahan pertama dan tambahkan perasan jeruk nipis. Tuang ke dalam gelas tinggi di atas es. Hiasi dengan bunga eksotis.

JUMP UP DAN Cium aku

½ ons. Rum Sea Wynde

½ ons. minuman keras Galliano

½ ons. Minuman keras aprikot Apry milik Marie Brizard

campuran manis dan asam adiboga Dr. Swami & Bone Daddy

jus jeruk

jus nanas

Kocok lima bahan pertama dengan es dan saring ke dalam gelas Collins. Isi dengan jus jeruk dan jus nanas.

JUMP UP BANANA-NANA

1/3 cangkir rum pisang Cruzan

1 obat. pisang

1 jeruk nipis, diperas

1 sendok teh. madu atau gula bubuk halus

1 sendok teh. ekstrak vanili

irisan nanas untuk hiasan

ceri untuk hiasan

Haluskan dengan 2 gelas es serut hingga halus. Tuang ke dalam gelas bertangkai dan hiasi dengan irisan nanas dan ceri.

API JUNGLE

2 ons. Rum Starr Afrika

irisan lemon segar

¼ ons. sirup sederhana

soda jeruk nipis

Potong lemon dan masukkan ke dalam mixer dengan es, rum Afrika Starr, dan sirup. Tuang ke dalam gelas highball. Taburi dengan soda lemon-jeruk nipis.

KAHLU COLADA

½ ons. Rum

1 ons. Coco Lopez krim kelapa asli

2 ons. jus nanas

1 ons. Kahlua

Blender dengan 1 cangkir es.

MIMPI JERUK KUNCI

1½ ons. Rum ringan

¾ ons. Air jeruk nipis mawar

2 sendok es krim vanila

Blender dengan es.

LAGU KUNCI BARAT

1¼ ons. Kapten Morgan Rum asli berbumbu

1 ons. krim kelapa

2 ons. jus jeruk

Blender hingga halus dengan 1 cangkir es dan tuangkan ke dalam gelas.

KILLA' COLA

2 ons. Rum kelapa Pembunuh Paus

½ ons. Hipnotiq

4 ons. soda

ceri untuk hiasan

Tuang ke dalam gelas koktail di atas es dan hiasi dengan ceri.

PEMBUNUH COLADA

3 ons. Rum kelapa Pembunuh Paus

3 sdm. santan

3 sdm. nanas hancur

irisan nanas untuk hiasan

2 ceri untuk hiasan

Blender dengan kecepatan tinggi dengan 2 gelas es serut. Tuang ke dalam gelas badai dingin dan hiasi dengan irisan nanas dan ceri.

"Pembunuh" RITA

2 ons. Rum kelapa Pembunuh Paus

1 ons. tiga sec

1 ons. jus nanas

½ ons. santan

garam ke gelas tepi

ceri maraschino untuk hiasan

Rim gelas margarita dengan garam. Campur dan tuangkan ke dalam gelas margarita di atas es. Hiasi dengan ceri maraschino.

KOPI KINGSTON

4 ons. kopi yang baru diseduh

1 ons. Rum Myers

sesendok krim kocok

coklat pahit bubuk untuk taburan

batang kayu manis untuk hiasan

Tuangkan dua bahan pertama ke dalam cangkir atau cangkir kopi. Taburi dengan whipped cream dan taburi bubuk cokelat pahit di atasnya. Hiasi dengan batang kayu manis.

KINGSTON COSMO

2 ons. Rum Jamaika Appleton Estate V/X

½ ons. Cointreau

percikan jus cranberry

perasan jeruk nipis

Tuangkan dua bahan pertama ke dalam gelas. Taburi dengan jus cranberry dan perasan jeruk nipis.

KINGSTON SOUR

1½ ons. Rum Wray & Keponakan

irisan pir segar (ditambah satu lagi untuk hiasan)

½ ons. jus apel

½ ons. brendi aprikot

campuran asam

1/8 ons. Creme de Cassis

Aduk tiga bahan pertama, lalu kocok keras dengan semua bahan lainnya di atas es. Saring ke dalam gelas highball berisi es. Hiasi dengan irisan buah pir.

KOKO-COLA

1½ ons. Rum kelapa Cruzan

2 ons. soda

peras jeruk nipis

Campur dengan es dan sajikan di atas batu.

KON-TIKI

1½ ons. Tujuh rum Tiki

2 ons. nektar mangga

2 ons. Jus cranberry

lari absinth

Tuang ke dalam gelas highball dengan es. Mengaduk.

LABADU

3 ons. Rum Malibu

3 ons. jus nanas

1 ons. susu atau es krim vanila

Blender dengan es.

LADY HAMILTON

1½ ons. Rum Pusser

1 sendok teh. air jeruk nipis segar

bagian yang sama:

jus markisa

jus jeruk

bir jahe

TAWA

1½ ons. Rum Emas Tua Cockspur

1 ons. jus jeruk nipis

1 sendok teh. Gula

3–4 daun mint

soda klub ke atas

Campurkan jus jeruk nipis, mint, dan gula dalam gelas Collins atau highball. Aduk perlahan untuk memar mint. Isi gelas ¾ dengan es. Tambahkan rum Cockspur Old Gold. Taburi dengan soda. Aduk rata.

CAHAYA 'N BADAI

2 ons. 10 rum tebu

3–4 ons. bir jahe

½ ons. air jeruk nipis segar

irisan jeruk nipis untuk hiasan

manisan jahe untuk hiasan

Isi gelas highball ¾ penuh dengan es. Campurkan semua bahan dan aduk. Hiasi dengan irisan jeruk nipis dan manisan jahe.

LIME FIZZ

2 ons. Rum jeruk nipis emas Brinley

3 ons. soda klub (atau soda jeruk nipis jika Anda suka yang lebih manis)

1 buah jeruk nipis

Tuangkan dua bahan pertama ke dalam gelas. Peras dan hiasi dengan irisan jeruk nipis.

LIME LUAU

1 ons. Rum pisang Whaler's Big Island

2 ons. Vodka

air jeruk nipis

sejumput sirup jeruk

Aduk dengan es dan sajikan dalam gelas koktail.

MINUMAN PIE SHOT LIMÓN MERINGUE

2 ons. Rum Bacardi Limón

1 ons. Disaronno Originale amaretto

gula bubuk

krim kocok siap pakai (sebaiknya dalam kaleng)

Mintalah seseorang menaburkan gula bubuk di lidah Anda, lalu minumlah Bacardi Limón dengan Disaronno amaretto di atasnya, tetapi jangan ditelan. Mintalah seseorang menyemprotkan krim kocok ke dalam mulut Anda, lalu mengocok dan menelan sepotong kecil pai.

RAMUAN CINTA

1 ons. Rum

½ ons. bir pisang

½ ons. tiga sec

1 ons. jus jeruk

1 ons. jus nanas

irisan jeruk untuk hiasan

irisan nanas untuk hiasan

irisan pisang untuk hiasan

Hiasi dengan irisan jeruk, nanas, dan pisang.

TONGKAT CINTA

2 ons. Rum berwarna Cockspur Five Star

1 ons. Rum putih Cockspur

½ ons. tiga sec

1 ons. jus nanas

1 ons. jus jeruk

1 ons. jus jeruk nipis

¾ ons. sirup buah

Kocok rata dengan es. Tuang ke dalam gelas tinggi.

WANITA YANG BERUNTUNG

¾ ons. Rum ringan Bacardi

¼ ons. Adas manis Hiram Walker

¼ ons. Hiram Walker white creme de cacao

¾ ons. krim

MALIBU ACOMPÁÑAME

2 bagian rum kelapa Malibu

1 bagian Hiram Walker tiga detik

percikan air jeruk nipis segar

MALIBU SETELAH TAN

1 bagian rum kelapa Malibu

1 bagian crème de cacao putih

2 sendok es krim vanila

Blender dengan es dan sajikan dalam gelas khusus.

SAPI PISANG MALIBU

1½ bagian krim

1 bagian rum pisang tropis Malibu

1 bagian rum kelapa Malibu

lari grenadin

parutan pala untuk taburan

irisan pisang untuk hiasan

Kocok dan saring ke dalam gelas koktail. Taburi dengan pala dan hiasi dengan irisan pisang.

MALIBU BANANA-BERRY SPLIT

1 bagian rum pisang tropis Malibu

1 bagian Stoli Razberi vodka

jus lemon

sirup sederhana

Kocok dengan es dan sajikan dalam gelas.

ANGIN MANGGA PISANG MALIBU

1 bagian rum pisang tropis Malibu

1 bagian rum mangga Malibu

1 bagian campuran asam segar

1 bagian jus cranberry

Padi PISANG MALIBU

1 bagian rum pisang tropis Malibu

1 bagian Kahlúa

cipratan peppermint schnapps

PISANG MALIBU SPLIT

1 bagian rum pisang tropis Malibu

percikan amaretto

percikan crème de cacao

krim kocok untuk hiasan

ceri untuk hiasan

Hiasi dengan krim kocok dan ceri.

MALIBU BANANA TROPIC-TINI

1½ bagian rum pisang tropis Malibu

½ bagian schnapp persik

bubur mangga sesendok

percikan nektar buah markisa

ceri untuk hiasan

Kocok dan sajikan sebagai martini. Hiasi dengan ceri.

ZINGER PISANG MALIBU

2 ons. Rum pisang tropis Malibu

2 sendok serbat lemon

2 ons. campuran asam

irisan lemon untuk hiasan

Campur dalam blender dengan 2 cangkir es. Hiasi dengan irisan lemon. Membuat 2 minuman.

PANTAI MALIBU

1½ ons. Rum Malibu

1 ons. Smirnoff vodka

4 ons. jus jeruk

Sajikan di atas es.

LAGOON BIRU MALIBU

1 bagian rum kelapa Malibu

4 bagian jus nanas

¾ bagian curaçao biru

MALIBU CARIBENO

3 bagian rum kelapa Malibu

1 bagian Martel cognac

½ bagian nanas

½ bagian jus lemon segar

irisan lemon untuk hiasan

Sajikan di atas batu. Hiasi dengan irisan lemon.

MALIBU COCO COLADA MARTINI

3 bagian rum kelapa Malibu

1 bagian Hiram Walker tiga detik

½ bagian krim kelapa asli Coco Lopez

½ bagian air jeruk nipis segar

irisan jeruk nipis untuk hiasan

Sajikan dalam gelas martini. Hiasi dengan irisan jeruk nipis.

MALIBU COCO-COSMO

2 bagian rum kelapa Malibu

percikan tiga detik

percikan jus delima

percikan jus cranberry

air jeruk nipis

twist jeruk nipis untuk hiasan

Kocok dengan es dan saring ke dalam gelas martini. Hiasi dengan sentuhan jeruk nipis.

MALIBU COCO-LIBRE

1 bagian rum kelapa Malibu

3 bagian kola

irisan jeruk nipis untuk hiasan

Sajikan di atas es dalam gelas tinggi. Hiasi dengan irisan jeruk nipis.

KRIM KELAPA MALIBU

2 bagian rum kelapa Malibu

1 sendok yogurt vanilla beku

jus jeruk untuk diisi

Tuang dua bahan pertama ke dalam gelas dan isi dengan jus jeruk. Mengaduk. Sajikan sebagai minuman mengapung. Bisa juga dicampur dalam blender dan disajikan sebagai shake.

PENYEGAR KELAPA MALIBU

2 bagian rum kelapa Malibu

2 bagian soda lemon-jeruk nipis

1 bagian air jeruk nipis

Sajikan di atas es dalam gelas tinggi.

MUSIM PANAS MALIBU TANPA AKHIR

2 bagian rum pisang tropis Malibu

1 irisan lemon

1 buah jeruk nipis

irisan pisang untuk hiasan

Hancurkan lemon dan limau. Tambahkan rum pisang Malibu Tropical. Kocok dan saring ke dalam gelas martini. Hiasi dengan irisan pisang.

TENDANGAN PERANCIS MALIBU

1 bagian rum markisa Malibu

memercikkan cognac Martell

memercikkan jus lemon

percikan sirup sederhana

VIRGEN ISLA MALIBU

2 bagian rum kelapa Malibu

½ bagian cairan persik

½ bagian amaretto

ANGIN TELUK MANGGA MALIBU

2 bagian rum mangga Malibu

1½ bagian jus cranberry

1½ bagian jus nanas

MALIBU MANGO KAMIKAZE

1 bagian rum mangga Malibu

1 bagian vodka jeruk Stoli

½ bagian tiga detik

¾ bagian air jeruk nipis segar

MALIBU MANGO-LIME MARTINI

1½ bagian rum mangga Malibu

1½ bagian Stoli Vanil vodka

1 bagian air jeruk nipis

1 bagian sirup sederhana

MALIBU MANGO MAI TAI

2 bagian rum mangga Malibu

1 bagian jus jeruk

1 bagian jus nanas

memercikkan air jeruk nipis

percikan sirup sederhana

¼ ons. rum gelap

Tuang lima bahan pertama ke dalam gelas dan apungkan rum gelap dengan hati-hati di atasnya.

MALIBU MARGARITA

1¼ bagian rum kelapa Malibu

1 bagian tezon tequila

½ bagian blue curaçao

½ bagian air jeruk nipis segar

1½ bagian jus lemon manis

Kocok isi dalam gelas pencampur es dan saring ke dalam gelas khusus rumah es. Hiasi dengan irisan jeruk nipis.

MALIBU MEGA-NUT

2 bagian rum kelapa Malibu

minuman keras hazelnut

soda jeruk nipis

serpihan kelapa serut untuk hiasan

Tuang dua bahan pertama ke dalam gelas tinggi berisi es dan isi dengan soda lemon-jeruk nipis. Hiasi dengan serpihan kelapa serut.

MALIBU MEXICANA MAMA

1 bagian rum kelapa Malibu

½ bagian minuman keras kopi Kahlúa

½ bagian krim putih menthe

1½ bagian krim kental

Kocok dengan es dan saring ke dalam gelas di atas es yang dihancurkan. Hiasi dengan 2 daun mint.

MALIBU TENGAH MALAM ANGIN

1 bagian rum kelapa Malibu

½ bagian rum pisang tropis Malibu

1 bagian curaçao biru

jus nanas untuk diisi

Bangun dengan es. Bisa dibiarkan terguncang atau berlapis.

MALIBU NOCHE LIBRE

1 bagian rum kelapa Malibu

3 bagian kola

memercikkan air jeruk nipis

irisan jeruk nipis untuk hiasan

Sajikan dalam gelas Collins. Hiasi dengan irisan jeruk nipis.

MALIBU DI PANTAI

1 ons. Rum Malibu

½ ons. Krim Irlandia Baileys

Sajikan sebagai tembakan.

MALIBU ORANGE COLADA

1½ ons. Rum Malibu

1 ons. tiga sec

4 ons. Coco Lopez krim kelapa asli

GAIRAH JERUK MALIBU

1 bagian rum markisa Malibu

1 bagian Stoli vodka

2 bagian jus jeruk

MALIBU PASSION FRUIT COSMO

1 bagian rum markisa Malibu

1 bagian Stoli Vanil vodka

1 bagian jus cranberry percikan air tonik

MALIBU PASSION FRUIT SAKE-TINI

1 bagian rum markisa Malibu

1 bagian Stoli vodka

½ bagian demi

percikan pure buah markisa

POPPER GAIRAH MALIBU

1 bagian rum markisa Malibu

percikan cola

percikan jus ceri

Kocok dengan es dan saring ke dalam gelas.

MALIBU PASSION TEA

1 bagian rum markisa Malibu

2 bagian es teh

1 bagian soda lemon-jeruk nipis

irisan jeruk nipis untuk hiasan

Sajikan di atas es dalam gelas tinggi. Hiasi dengan irisan jeruk nipis.

KOSMOPOLITAN NANAS MALIBU

1½ bagian rum nanas Malibu

¾ bagian Hiram Walker tiga detik

¾ bagian air jeruk nipis segar

¾ bagian jus cranberry

irisan jeruk nipis untuk hiasan

Kocok dalam gelas pencampur es dan saring ke dalam gelas koktail dingin. Hiasi dengan irisan jeruk nipis.

SOURBALL NANAS MALIBU

2 bagian rum nanas Malibu

percikan jus cranberry

percikan campuran asam

NANAS MALIBU

2 bagian rum nanas Malibu

2 bagian jus nanas

campuran asam untuk diisi

irisan nanas untuk hiasan

Tuang dua bahan pertama ke dalam gelas tinggi dan isi dengan campuran asam. Hiasi dengan irisan nanas.

PENAWAR RASA SAKIT

2, 3, atau 4 bagian rum Pusser—pilihan Anda!

4 bagian jus nanas

1 bagian krim kelapa

1 bagian jus jeruk

pala parut untuk hiasan

Sajikan di atas bebatuan dengan pala segar dalam jumlah besar di atasnya.

RAMBUT PARIS

1½ ons. Rum ringan Bacardi

¾ ons. krim

½ ons. curacao oranye

ceri maraschino untuk hiasan

Hiasi dengan ceri maraschino.

KEGILAAN MANGGA BURUNG BAYI

1½ ons. Rum mangga Kapten Morgan Parrot Bay

2 ons. Jus cranberry

2 ons. jus jeruk

Kocok dengan es dan tuangkan ke dalam gelas.

GAIRAH BURUNG BURUNG

2 ons. Rum Bacardi Limón

½ ons. Cointreau

3 ons. jus jeruk

3 ons. jus markisa

irisan jeruk untuk hiasan

potongan nanas untuk hiasan

Blender dengan es dan sajikan dalam gelas martini dingin. Hiasi dengan irisan jeruk dan sepotong nanas.

PASSION FRUIT DAIQUIRI (BRUNCH COCKTAIL)

2 ons. 10 rum tebu

1 ons. air jeruk nipis segar

1 ons. sirup sederhana

1 ons. pure buah markisa

roda kapur untuk hiasan

Campurkan semua bahan dalam gelas pencampur. Tambahkan es dan kocok kuat-kuat. Saring ke dalam gelas koktail dingin. Hiasi dengan roda kapur.

GAIRAH BELIZE

¾ ons. Rum satu barel

¾ ons. nektar markisa

2 ons. Sampanye Moët nektar

1 sendok teh. buah markisa segar (1 buah markisa, dibelah dua dan disendok)

Aduk dengan es dan saring menjadi seruling sampanye dingin.

PASSIONPOLITAN

1 ons. Rum markisa Parrot Bay

¼ ons. tiga sec

2 ons. Jus cranberry

1 tetes air jeruk nipis

irisan jeruk nipis untuk hiasan

Tuang ke dalam gelas di atas es dan aduk. Hiasi dengan irisan jeruk nipis.

TERAS

1 ons. Bacardi O rum

½ ons. tiga sec

2 ons. Limun

sejumput gula prima

3 daun mint

air soda ke atas

Kocok empat bahan pertama dengan es dan tuangkan ke dalam gelas highball. Tambahkan daun mint dan tambahkan air soda.

PAULISTANO

1½ ons. Rum oronoko

3 irisan jeruk nipis

2 daun mint

3 ons. jus nanas yang ditekan

setangkai mint untuk hiasan

Dalam shaker, campurkan daun mint dan irisan jeruk nipis. Tambahkan rum Oronoco dan jus nanas; kocok dengan es yang dihancurkan. Tuang ke dalam gelas dan hiasi dengan daun mint.

PB ANGIN

1½ ons. Rum kelapa Parrot Bay

2 ons. Jus cranberry

2 ons. jus nanas

irisan nanas untuk hiasan

Tuang ke dalam gelas di atas es dan aduk. Hiasi dengan irisan nanas.

PEACH PISANG DAIQUIRI

1½ ons. Rum ringan Puerto Rico

½ pisang sedang, potong dadu

1 ons. air jeruk nipis segar

¼ cangkir irisan buah persik (segar, beku, atau kalengan)

Blender dengan 1 cangkir es serut.

PEACH DAIQUIRI

1 ons. Kapten Morgan Rum asli berbumbu

¼ ons. schnapp persik

4 ons. persik bubur beku

3 ons. campuran asam

irisan persik untuk hiasan

setangkai mint untuk hiasan

Haluskan dengan es serut hingga kekentalan yang diinginkan. Hiasi dengan irisan persik dan daun mint.

PEACH MELBA

2 ons. Kapten Morgan Rum asli berbumbu

¾ ons. minuman keras raspberry

2 ons. campuran koktail persik

2 buah persik (kalengan)

1 ons. krim kental

sirup raspberry atau raspberry segar di atasnya

Haluskan dengan 2 gelas es serut hingga halus dan lembut. Sajikan dalam 16 ons. kaca khusus. Taburi dengan sirup raspberry atau raspberry segar.

PUKULAN PEACH

1/3 ons. Kapten Morgan Rum asli berbumbu

½ ons. schnapp persik

2 ons. campuran Pina colada

4 ons. jus jeruk

persik segar untuk hiasan

Blender dengan es batu hingga beku. Hiasi dengan buah persik segar.

BUNGA PIR

1½ ons. Rum Pasir Putih Tommy Bahama

1 ons. minuman jeruk premium

1½ ons. jus pir

1 ons. campuran asam

Kocok setidaknya 20 kali dengan es dan saring ke dalam gelas martini dingin. Hiasi dengan anggrek segar.

PUNCAK PELICAN

1½ ons. Rum raspberry Laksamana Nelson

½ ons. rum gelap

¼ ons. Rum tahan 151

1½ ons. jus nanas

1½ ons. jus jeruk

1 ons. asam manis

irisan jeruk untuk hiasan

roda lemon untuk hiasan

Bangun kaca badai di atas es. Hiasi dengan irisan jeruk dan roda lemon.

PIÑA COLADA MARTINI

2 ons. Rum nanas Cruzan, dingin

1 ons. Rum kelapa Cruzan

irisan nanas untuk hiasan

Campur dalam gelas martini. Hiasi dengan irisan nanas segar.

SPLASH NANAS

¾ ons. Rum nanas Captain Morgan Parrot Bay

¾ ons. Rum kelapa Kapten Morgan Parrot Bay

4 ons. jus jeruk

Tuang ke dalam gelas di atas es dan aduk.

PUTARAN NANAS

1½ ons. Rum Jamaika Appleton Estate V/X

6 ons. jus nanas

½ sdt. jus lemon

Kocok dan tuangkan ke dalam gelas tinggi di atas es.

NANAS

1½ ons. Rum Appleton Estate Extra Jamaika

6 ons. jus nanas

irisan buah untuk hiasan

Tuang ke dalam highball atau gelas Collins di atas es. Hiasi dengan irisan buah yang diinginkan.

LEMONA PINK

1¼ ons. Kapten Morgan Rum asli berbumbu

3 ons. Jus cranberry

2 ons. klub soda

jus ¼ lemon

sentuhan lemon untuk hiasan

Bangun dua bahan pertama dalam gelas di atas es. Taburi dengan soda klub dan jus lemon. Percantik dengan remasan lemon.

ANGGRAM PINK

1¼ ons. Kapten Morgan Rum asli berbumbu

2 ons. Jus cranberry

2 ons. jus nanas

¼ ons. krim kelapa

mint segar untuk hiasan

Blender dengan es batu. Hiasi dengan mint segar.

PINK PANTHER

1¼oz. Rum ringan Bacardi

¾ ons. jus lemon

¾ ons. krim

½ ons. granat Rose

PLANET PINK

3 ons. Rhum Barbancourt Bintang 3

2 sdt. air jeruk nipis atau lemon

2 ons. Dubonet putih

Campur dengan ½ cangkir es serut dan tuangkan ke dalam gelas sampanye.

PINKY & KAPTEN

1¼ ons. Kapten Morgan Rum asli berbumbu

5 ons. jus anggur

bagian grapefruit merah muda atau roda jeruk nipis untuk hiasan

Tuang ke dalam gelas highball di atas es. Hiasi dengan bagian grapefruit merah muda atau roda jeruk nipis.

PIÑO FRIO

2 ons. Kapten Morgan Rum asli berbumbu

3 ons. (2 iris) nanas

1 sendok teh. Gula

ceri maraschino atau irisan nanas untuk hiasan

Haluskan secara menyeluruh dengan 1 cangkir es serut dan tuangkan ke dalam 14 ons. kaca. Hiasi dengan ceri maraschino atau irisan nanas.

PUKULAN BAJAK LAUT

1¾ ons. Rhum Barbancourt

¼ ons. vermouth manis

sejumput pahit Angostura

Menggoyang.

PUNCAK PLANTER

2 ons. Kapten Morgan Rum asli berbumbu

2 ons. jus jeruk

2 ons. jus nanas

¼ ons. jus jeruk nipis

¼ ons. jus lemon

1 sendok teh. gula batangan

lari grenadin

irisan buah untuk hiasan

Kocok dengan es dan saring ke dalam gelas highball di atas es. Hiasi dengan irisan buah.

TANAMAN

2 ons. Rhum de Martinik putih atau gelap

4 ons. jus buah eksotis

1/8 ons. sirup tebu

1/8 ons. kayu manis

1/8 ons. pala parut

1/8 ons. vanila

irisan jeruk untuk hiasan

ceri maraschino untuk hiasan

Kocok dengan es. Sajikan di bebatuan atau langsung di gelas martini. Hiasi dengan irisan jeruk dan ceri maraschino.

PLUS H

1 ons. Bacardi O rum

1 ons. Rum melon Bacardi Grand

1 ons. Rum Malibu

jus nanas untuk diisi

percikan jahe

Tuang tiga bahan pertama ke dalam gelas dan isi dengan jus nanas. Taburi dengan jahe.

POINCIANA

1 ons. Rum ringan

2 buah ceri maraschino

1 ons. jus apel

½ ons. Grenadine

Kocok dengan es. Sajikan di atas batu.

POMA-MAMA-BU

1½ bagian schnapp delima Hiram Walker

1½ bagian pisang Malibu Tropical

Kocok dengan es dan saring ke dalam gelas martini dingin, atau sajikan di atas bebatuan.

PELABUHAN KERAJAAN

1½ ons. Rum Jamaika Appleton Estate V/X

½ ons. vermouth manis

jus ¼ jeruk

air perasan ¼ jeruk nipis

irisan jeruk atau jeruk nipis untuk hiasan

Kocok dengan es dan saring menjadi gelas batu besar di atas es batu. Hiasi dengan irisan jeruk atau jeruk nipis.

PRESIDEN

1½ ons. Rum putih Puerto Rico

¼ ons. Vermouth kering

¾ ons. vermouth manis

percikan granatin

Campur dengan 6-8 es batu.

PUTRI MORGAN

¾ ons. Kapten Morgan Rum asli berbumbu

¼ ons. krim pisang

2½ ons. jus jeruk

2 ons. klub soda

Tuang tiga bahan pertama ke dalam gelas di atas es. Mengaduk. Tambahkan soda dan aduk perlahan.

PROFESOR & MARY ANNE

¾ bagian rum mangga Malibu

¼ bagian rum pisang Malibu

½ bagian jus nanas

PUERTO RICAN RUM CAPPUCCINO

1½ ons. Rum gelap Puerto Rico

1 sendok teh. gula Bagian yang sama:

kopi kental panas

susu kukus

krim kocok ke atas

kayu manis secukupnya

Tuangkan dua bahan pertama ke dalam cangkir dan tambahkan kopi dan susu. Top dengan krim kocok dan kayu manis.

Bumbu Labu

1½ ons. Rum mangga Cruzan

1½ ons. isian pai labu

1 ons. krim

¼ ons. Sirup roti jahe Monin

Kocok dan saring melalui saringan ke dalam labu mini berlubang.

PUNCAK KEPULAUAN

2 sdt. tebu

2 ons. Rhum Barbancourt putih

2 ons. jus nanas

jus ½ jeruk

jus ½ lemon

soda ke atas

irisan lemon untuk hiasan

Campur jus nanas dan tebu, lalu tambahkan jus jeruk dan lemon. Tuang ke dalam gelas dan tambahkan Rhum Barbancourt putih. Taburi dengan soda dan campur dengan sendok. Untuk menyelesaikannya, tambahkan es batu dan hiasi dengan irisan lemon.

EMBUN UNGU

1½ ons. Rum Appleton Estate Extra Jamaika

3 ons. Jus cranberry

1 ons. sirup bening

1 ons. curacao biru

1 ons. jus jeruk nipis

Tuang kc dalam Collins atau gelas punch di atas es.

RAYU UNGU

1 ons. Rum Segel Hitam Gosling

¼ ons. curacao biru

½ ons. asam manis

¼ ons. Grenadine

1 ons. jus nanas

irisan jeruk atau ceri untuk hiasan

Kocok dan saring ke dalam gelas batu dingin. Hiasi dengan irisan jeruk dan ceri.

PUKULAN PIRAT

2 ons. Rum Cadangan Pyrat XO

air perasan ½ jeruk nipis

sejumput pahit

2 ons. air soda

percikan jus nanas (opsional)

percikan jus grapefruit (opsional)

¼ sdt. pala parut

ceri segar untuk hiasan

Kocok tiga bahan pertama dengan lembut di atas es. Tuang ke dalam gelas margarita. Tambahkan jus nanas dan grapefruit jika diinginkan. Taburi dengan air soda. Hiasi dengan pala dan ceri segar.

PENYEGAR PYRAT XO

2 ons. Rum Cadangan Pyrat XO

tonik untuk diisi

irisan jeruk nipis untuk hiasan

Tuang es ke dalam gelas ember. Hiasi dengan irisan jeruk nipis.

DOSA PIRAT

½ ons. Pyrat Cask 23 rum

½ ons. Grand Marnier Cent Cinquantenaire

1 gula batu direndam dengan dua strip pahit Angostura

sampanye gaya brutal dingin untuk diisi

kulit lemon untuk hiasan

irisan stroberi untuk hiasan

Tempatkan gula batu ke dalam gelas sampanye dingin. Tambahkan rum Pyrat Cask 23 dan Grand Mariner Cent Cinquantenaire. Isi dengan sampanye. Hiasi dengan kulit lemon dan irisan stroberi.

GELADAK BELAKANG

1 ons. Rum ringan Puerto Rico

½ ons. Rum gelap Puerto Rico

½ ons. Cream Sherry

½ ons. jus jeruk nipis

Menggoyang.

QUEENS PARK SWIZZLE

1¼ ons. Kapten Morgan Rum asli berbumbu

jus ½ jeruk nipis besar

½ ons. campuran manis dan asam

½ ons. sirup sederhana

3 daun mint

Peras jeruk nipis dan masukkan cangkang ke dalam 14 ons. kaca. Tambahkan 1 lembar daun mint. Tambahkan es serut dan sisa bahan, kecuali daun mint. Aduk sampai kaca membeku. Hiasi dengan sisa daun mint.

R & B

1¼ ons. Kapten Morgan Rum asli berbumbu

2 ons. jus jeruk

2 ons. jus nanas

percikan granatin

Tuang ke dalam gelas di atas es.

EDGE RACER

1 ons. Rum ringan Bacardi

¼ ons. Hiram Walker green creme de menthe

jus jeruk untuk mengisi

Tuang rum ringan Bacardi ke dalam gelas tinggi yang setengahnya berisi es. Isi dengan jus grapefruit dan float creme de menthe.

RASPBERRY COLADA

1½ ons. Rum

1½ ons. Chambord

3 ons. jus nanas

1 ons. Coco Lopez krim kelapa asli

Campur. Sajikan dalam gelas tinggi.

RASPBERRY FROST

2 ons. Rum ringan

1 ons. Chambord

2 ons. Coco Lopez krim kelapa asli

air jeruk nipis

ceri maraschino untuk hiasan

Blender empat bahan pertama. Hiasi dengan ceri maraschino.

LEMONA RASPBERRY

2 ons. Rum raspberry Cruzan

2 ons. Limun

irisan lemon untuk hiasan

Sajikan di atas batu. Hiasi dengan irisan lemon.

HAWAI MERAH

2 ons. RedRum

½ ons. tiga sec

3 ons. jus nanas

1 ons. sirup kelapa atau susu

¼ ons. Grenadine

irisan nanas untuk hiasan

Tuang ke dalam gelas tinggi. Hiasi dengan irisan nanas.

MAMA PANAS MERAH

1¼ ons. Rum Bacardi Silver

4 ons. Jus cranberry

2 ons. soda klub dingin

RHUMBA MERAH

2 ons. RedRum

¼ ons. tiga sec

3 ons. jus nanas

1 ons. jus jeruk

¼ ons. Grenadine

½ pisang segar

ceri untuk hiasan

Blender dengan es. Sajikan dalam gelas highball dan hiasi dengan ceri.

REDRUM DI PANTAI

2 ons. RedRum

1 ons. 7UP

1½ ons. jus jeruk

½ ons. Grand Marnier

Campur dengan es. Sajikan di atas es.

REDRUM TSUNAMI

2 ons. RedRum

5 ons. jus nanas

½ ons. melon liqueur

buah segar untuk hiasan

Tuang dua bahan pertama ke dalam gelas tinggi dan campur dengan es. Apung minuman keras melon. Hiasi dengan buah segar dan payung.

WAKIL BELUDRU MERAH

2 ons. 267 Infus rum mangga

½ ons. 267 vodka cranberi

percikan vodka oranye

irisan jeruk untuk hiasan

Sajikan di bebatuan dengan hiasan irisan jeruk.

PUNCAK REGGAE

2 ons. Rum Wray & Keponakan

1 ons. jus jeruk

2 ons. jus nanas

½ jeruk nipis

2 sendok makan. gula merah

¼ ons. grenadine atau sirup stroberi

Campur lima bahan pertama di atas es dan tuangkan ke dalam gelas highball. Taburi dengan sirup grenadine atau stroberi.

CADANGAN MAI TAI

1 ons. Rum Cagar Langka Whaler

1 ons. Rum Great White Whaler

1 ons. Sirup Orgeat

1 ons. jus markisa

3 ons. jus jeruk

½ ons. jus jeruk nipis

ceri maraschino untuk hiasan

irisan jeruk untuk hiasan

Kocok rata dengan es dan tuangkan ke dalam gelas badai dingin. Hiasi dengan ceri maraschino, irisan jeruk, dan payung.

RICO

1 ons. Bacardi Rum

½ ons. Grand Marnier

½ ons. jus anggur

½ ons. jus jeruk

2 ons. jus nanas

irisan nanas untuk hiasan

ceri untuk hiasan

Kocok dan sajikan dalam gelas Collins. Hiasi dengan irisan nanas dan ceri.

RIKI TIKI

2 ons. Rum Pineapple Paradise Whaler

1 ons. tiga sec

3 ons. campuran asam

percikan soda klub

Kocok tiga bahan pertama dengan es dan atasnya dengan soda klub.

ROOTS 'N' BUDAYA

2 ons. Rum Wray & Keponakan

4 raspberry

3 stroberi

5 blueberry

½ jeruk nipis

2 sendok makan. gula merah

Campurkan buah dan gula. Bangun dalam gelas highball di atas es yang dihancurkan.

ROYAL DAIQUIRI

1½ ons. Rum Jamaika Appleton Estate V/X

½ pisang

air perasan ¼ jeruk nipis

1 sendok teh. Gula

1 sendok es serut

irisan pisang untuk hiasan

Blender lima bahan pertama dan sajikan dalam gelas koktail. Hiasi dengan irisan pisang.

TEH ROYAL

¼ ons. Kapten Morgan Rum asli berbumbu

1 ons. Wiski Mahkota Kerajaan

¼ ons. schnapp persik

percikan campuran asam

4 ons. soda

irisan lemon untuk hiasan

Kocok empat bahan pertama dengan es dan tuangkan ke dalam gelas. Taburi dengan cola. Hiasi dengan irisan lemon.

RUBI REY MANHATTAN

1 ons. Rum Ruby Rey

½ ons. Vermouth merah Martini & Rossi

ceri maraschino untuk hiasan

Kocok dengan es batu dan saring ke dalam gelas koktail. Hiasi dengan ceri maraschino.

RUM HOT TODDY

2/3 cangkir rum berbumbu Whaler

¼ cangkir gula

2 sdm. sayang

3 gelas air mendidih

4 batang kayu manis untuk hiasan

4 irisan lemon untuk hiasan

Sebarkan gula di piring kecil. Celupkan rim 4 mug ke dalam air dingin. Celupkan pinggiran mug yang sudah dibasahi ke dalam gula. Campur rum dan madu dalam gelas ukur 4 cangkir. Tambahkan 3 gelas air mendidih; aduk hingga rata. Bagi Hot Toddy di antara mug yang sudah disiapkan. Hiasi setiap cangkir dengan batang kayu manis dan irisan lemon.

PUNCH SUSU RUM

1¾ ons. Rhum Barbancourt

¾ ons. sirup tebu

4 ons. susu

parutan pala untuk taburan

Blender tiga bahan pertama dan tuangkan ke dalam gelas. Taburi dengan pala parut.

RUM-RITA

1 ons. Rum Great White Whaler

1 ons. tiga sec

1 ons. jus jeruk nipis

garam ke gelas tepi

irisan jeruk nipis untuk hiasan

Campurkan tiga bahan pertama dengan es dan tuangkan di atas es ke dalam gelas margarita berbingkai garam. Hiasi dengan irisan jeruk nipis.

RUM RUNNER

¾ ons. Kapten Morgan Rum asli berbumbu

¼ ons. minuman keras blackberry

¼ ons. crème de minuman keras pisang

2 ons. jus jeruk

½ ons. Grenadine

Haluskan dengan 1 cangkir es serut hingga cair dan tuangkan ke dalam gelas.

RUM RUSIA

2 ons. Rum kopi emas Brinley

1 ons. Vodka

3 ons. susu

Sajikan dalam gelas tinggi.

RUM SNATCH

2 ons. Rum Alnwick

3 ons. jus jeruk

¼ ons. DeKuyper grenadine

¼ ons. jus jeruk nipis

Tuang grenadine ke dalam gelas, lalu campurkan rum Alnwick, jus jeruk, dan air jeruk nipis menjadi satu dan tuangkan grenadine dengan hati-hati. Jangan diaduk sebelum disajikan.

asam rummy

1¼oz. Kapten Morgan Rum asli berbumbu

1¾ ons. campuran lemon-jeruk nipis

Blender dengan sendok es yang dihancurkan.

SEAL RUSIA

1 ons. Rum Segel Hitam Gosling

1 ons. Kahlua

susu segar ke atas

Kocok dua bahan pertama dengan es dan sajikan di atas batu. Taburi dengan susu segar.

SMASH SANDBAR

1 ons. Rum jeruk Cruzan

1 ons. Rum nanas Cruzan

percikan minuman keras raspberry

2 ons. jus jeruk

Tuang tiga bahan pertama ke dalam gelas di atas es dan beri jus jeruk.

KOKTAIL SAN JUAN

1½ ons. Rum ringan Bacardi

1 ons. jus anggur

½ ons. jus lemon atau jeruk nipis

¼–½ ons. Coco Lopez krim kelapa asli

¼ ons. Bacardi 151 Rum

Blender empat bahan pertama. Mengapung rum Bacardi 151.

SAN JUAN SIDECAR

1½ ons. Rum ringan Bacardi

1 ons. jus lemon atau jeruk nipis

½ ons. krim putih menthe

gula ke gelas rim

roda kapur untuk hiasan

Sajikan dalam gelas berbingkai gula dan hiasi dengan roda kapur.

SAN JUAN SLING

1½ ons. Rum Puerto Rico

¾ ons. brendi ceri

3 ons. campuran lemon manis

½ ons. Grenadine

Blender tiga bahan pertama. Granat apung.

SAUS RAHASIA SANTA

1 ons. Rum berbumbu VooDoo

1 ons. Vodka

1 ons. Cointreau

5 ons. minuman telur kopyok

pala parut ke atas

Panaskan eggnog dan kombinasikan dengan rum berbumbu VooDoo, vodka, dan Cointreau dalam cangkir. Top dengan pala.

KALAJENGKING

1 ons. Rum ringan

½ ons. Brendi

½ ons. gin

1 ons. campuran manis dan asam

2 ons. jus jeruk

dash white creme de menthe

sejumput pahit

1 ons. anggur putih

Haluskan tujuh bahan pertama. Mengambang anggur putih. Hiasi dengan anggrek.

BERTERIAK SODA

1¼ ons. Kapten Morgan Rum asli berbumbu

5 ons. soda jeruk nipis

irisan lemon untuk hiasan

irisan jeruk nipis untuk hiasan

Sajikan di atas batu. Hiasi dengan irisan lemon dan jeruk nipis.

TEMPAT RAHASIA

1½ ons. Rum gelap Puerto Rico

½ ons. brendi ceri

2 sdt. dark creme de cacao

4 ons. Kopi dingin

Aduk dengan es serut.

SEX ON BARBADOS (RESEP PESTA)

8 ons. Rum raspberry Laksamana Nelson

8 ons. Schnapp persik panah

8 ons. Minuman keras melon panah

8 ons. Minuman keras raspberry panah

1½ qt. jus nanas

1½ qt. Jus cranberry

Campurkan empat bahan pertama dalam kendi besar atau mangkuk punch. Tambahkan es dan isi dengan jus nanas dan cranberry. Membuat 1 galon pukulan.

SEKS DI PERAHU

1 ons. Kapten Morgan Rum asli berbumbu

¼ ons. krim pisang

4½ ons. jus jeruk

Blender dengan sendok es yang dihancurkan.

SHILLELAGH

1 ons. Kapten Morgan Rum asli berbumbu

½ ons. krim hijau menthe

2 ons. campuran manis dan asam

ceri hijau untuk hiasan

Tuang ke dalam gelas pilsner di atas es. Hiasi dengan ceri hijau.

KECELAKAAN KAPAL

1½ ons. Rum berbumbu Premium Admiral Nelson

2 ons. jus jeruk

2 ons. jus nanas

percikan jus cranberry

irisan jeruk untuk hiasan

Campur dan sajikan di atas es. Hiasi dengan irisan jeruk.

DOKTER KAPAL

2 ons. Rum vanila Premium Admiral Nelson

1 ons. Panah amaretto

8 ons. Dr

Campur dalam gelas tinggi di atas es.

TEMAN KAPAL

1 ons. rum Jamaika gelap

½ ons. crème de cacao putih

½ ons. krim putih menthe

½ ons. vermouth manis

Kocok dengan es. Sajikan dalam gelas martini dingin.

MENEMBAK BINTANG

2 ons. Rum Starr Afrika

¾ ons. sirup sederhana

3 buah anggur hitam tanpa biji

½ jeruk nipis

8 daun mint

Aduk lemon, mint, dan anggur dalam sirup sederhana. Tambahkan rum Starr Afrika dan es batu. Kocok dan tuangkan ke dalam gelas batu.

TAMPILKAN

1 ons. Kapten Morgan Rum asli berbumbu

¼ ons. Amaretto

3 ons. jus anggur

1 sendok teh. Grenadine

2 ons. klub soda

Aduk empat bahan pertama dalam gelas di atas es. Tambahkan soda dan aduk perlahan.

SIENNA

¾ ons. Kapten Morgan Rum asli berbumbu

½ ons. Amaretto

2 ons. jus jeruk

1 ons. bir jahe

Tuang ke dalam gelas anggur tinggi di atas es batu.

SKIPPER JUGA

1 bagian rum mangga Malibu

½ bagian schnapp persik

½ bagian jeruk nipis segar

½ bagian jeruk nipis Rose

½ bagian campuran asam

2 mata air mint untuk hiasan

Kocok dengan es dan sajikan langsung atau di atas batu. Hiasi dengan tangkai mint.

DAGELAN

¾ ons. Kapten Morgan Rum asli berbumbu

½ ons. minuman keras stroberi

1 ons. krim kelapa

1 ons. sirup stroberi atau grenadine

2 ons. jus nanas

Haluskan dengan 2 gelas es serut hingga cair.

PISANG LICIN

½ bagian rum kelapa Malibu

½ bagian rum pisang tropis Malibu

½ bagian percikan jus nanas

jus ceri dash maraschino (untuk warna)

SNOWBERRY

1¾oz. Kapten Morgan Rum asli berbumbu

½ ons. schnapp stroberi

4 ons. air

½ ons. sirup sederhana

½ ons. jus lemon

1 sendok teh. Grenadine

batang kayu manis untuk hiasan

Panaskan dan sajikan dalam cangkir yang dipanaskan. Hiasi dengan batang kayu manis.

KOKTAIL KOTA SPANYOL

2 ons. Rhum Barbancourt

1 sendok teh. tiga sec

Aduk dan saring ke dalam gelas dengan es serut.

SPICEBERRY

1¼ ons. Kapten Morgan Rum asli berbumbu

3 ons. stroberi

1 ons. krim kelapa

Blender dengan sendok es yang dihancurkan.

MARTINI Apel Berbumbu

2½ ons. 10 rum tebu

2 ons. jus apel

percikan amaretto

2 sejumput bubuk kayu manis (ditambah lagi ke gelas pelek)

gula prima ke gelas pelek

batang kayu manis untuk hiasan

Kocok kuat-kuat dengan es dan saring ke dalam gelas koktail dingin berbingkai gula halus dan kayu manis bubuk. Hiasi dengan batang kayu manis.

DAIQUIRI PISANG BUMBU

1 ons. Kapten Morgan Rum asli berbumbu

¼ ons. krim pisang

2 ons. campuran manis dan asam

3 ons. pisang (½ pisang)

roda pisang untuk hiasan

ceri maraschino untuk hiasan

Aduk rata dengan 1 cangkir es serut. Tuang ke dalam 14 ons. kaca. Hiasi dengan roda pisang dan ceri maraschino.

BUMBU JAWA HALUS

1 ons. Kapten Morgan Rum asli berbumbu

½ ons. Minuman coklat Godiva

½ ons. Minuman keras cappucino Godiva

1 sendok es krim

ceri untuk hiasan

Blender hingga kekentalan yang diinginkan. Tuang ke dalam gelas dan hiasi dengan ceri.

ITALIA PEDAS

1 ons. Rum berbumbu VooDoo

½ ons. Minuman keras Tuaca

5 ons. kopi panas

krim kocok ke atas

Tuangkan dua bahan pertama ke dalam cangkir. Isi dengan kopi dan atasnya dengan krim kocok.

GATOR GAGAH

½ stoli vodka

½ ons. gin

½ ons. Rum

½ ons. Cuervo tequila

½ ons. tiga sec

½ ons. melon liqueur

½ ons. curacao biru

jus jeruk

irisan lemon dan jeruk untuk hiasan

Kocok tujuh bahan pertama dan tuangkan di atas es. Taburi dengan jus jeruk. Hiasi dengan irisan lemon dan jeruk.

STARR RATU MADU AFRIKA

1½ ons. Rum Starr Afrika

½ ons. krim kocok

½ ons. sirup madu

¼ ons. Amaretto

Kocok rata dengan es dan tuangkan ke dalam gelas batu.

STARR COBBLER

2 ons. Rum Starr Afrika

1 ons. Curacao

1 irisan jeruk (ditambah satu lagi untuk hiasan)

1 ceri (ditambah satu lagi untuk hiasan

¼ jeruk nipis

½ jeruk nipis

irisan lemon untuk hiasan

irisan jeruk nipis untuk hiasan

Buah campur aduk. Tambahkan rum Starr Afrika dan curacao. Kocok dan saring ke dalam gelas batu di atas es yang dihancurkan. Hiasi dengan irisan jeruk, ceri, irisan lemon, dan irisan jeruk nipis.

STARR HONEYSUCKLE

2 ons. Rum Starr Afrika

¾ ons. jus jeruk nipis

¾ ons. sirup madu

Kocok keras dan saring ke dalam gelas koktail dingin.

STRUKTUR STARR

1½ ons. Rum Starr Afrika

1 ons. pure buah markisa

½ ons. pure stroberi

1 ons. sirup sederhana

¾ ons. Grenadine

1 ons. sampanye

½ stroberi untuk hiasan

Kocok lima bahan pertama dalam gelas Boston dan saring menjadi seruling sampanye. Top dengan sampanye. Hiasi dengan ½ stroberi.

STING WRAY

1½ ons. Rum Jamaika Appleton Estate V/X

5 ons. Ting atau soda grapefruit lainnya

Tuang ke dalam gelas Collins di atas es.

MALIBU NANAS

2 bagian rum nanas Malibu

½ bagian tiga detik

air jeruk nipis

memercikkan jus jeruk

irisan jeruk untuk hiasan

Kocok dengan es dan saring ke dalam gelas martini. Hiasi dengan irisan jeruk.

MALIBU RUM-BALL

2 bagian rum kelapa Malibu

2 bagian melon liqueur atau pure melon

MALIBU SOL

3 bagian rum kelapa Malibu

½ bagian amaretto

½ bagian nanas

½ bagian jus lemon segar

Sajikan di atas es dalam gelas batu.

HUJAN MUSIM PANAS MALIBU

1 bagian rum kelapa Malibu

1 bagian Stoli vodka

1 bagian air jeruk nipis segar

2 bagian soda klub

irisan jeruk nipis untuk hiasan

Sajikan di atas es dalam gelas tinggi dan hiasi dengan irisan jeruk nipis.

MALIBU SUNTAN

1½ ons. Rum Malibu

5 ons. es teh

perasan lemon

Sajikan di atas es.

DOSA MANIS MALIBU

1 bagian rum mangga Malibu

memercikkan air jeruk nipis

percikan jus cranberry

cipratan rum Bacardi 151

MALIBU TEQUILA PISANG

1 bagian rum pisang tropis Malibu

1 bagian Tezon Reposado tequila

memercikkan air jeruk nipis

PISANG TROPIS MALIBU SEX-A-PEEL

1 bagian rum pisang tropis Malibu

½ bagian Frangelico

½ bagian krim Irlandia

ceri untuk hiasan

Kocok dan sajikan di atas batu. Hiasi dengan ceri.

ANGIN TROPIS MALIBU

1 bagian rum kelapa Malibu

1 bagian jus cranberry

2 bagian jus nanas

irisan nanas untuk hiasan

Sajikan dalam gelas tinggi dan hiasi dengan irisan nanas.

LEDAKAN TROPIS MALIBU

2 bagian rum kelapa Malibu

2 bagian jus nanas

1 bagian jus delima

Sajikan di atas es dalam gelas tinggi.

OASIS TROPIS MALIBU

2 bagian rum kelapa Malibu

1 bagian amaretto

2 bagian yogurt vanilla beku

1 bagian jus jeruk

1 bagian jus nanas

lari sayang

Blender dan sajikan sebagai shake beku.

SANGRIA TROPIS MALIBU

2 bagian rum pisang tropis Malibu

2 bagian anggur merah

1 bagian 7UP

1 bagian jus jeruk

buah segar untuk hiasan

ceri untuk hiasan

Hiasi dengan buah-buahan segar dan ceri.

Asam Tropis MALIBU

1¼ bagian rum pisang tropis Malibu

¾ bagian apel asam Hiram Walker

¾ bagian campuran asam segar

pembuka botol oranye untuk hiasan

Kocok dan saring ke dalam gelas martini. Hiasi dengan pembuka botol oranye.

SUNRISE TROPIS MALIBU

1½ bagian rum pisang tropis Malibu

1 bagian jus jeruk

1 bagian soda lemon-jeruk nipis

ceri untuk hiasan

Hiasi dengan ceri.

MALIBU VANILLA BANANA-TINI

1½ bagian rum pisang tropis Malibu

2½ bagian Stoli Vanil vodka

percikan amaretto

twist oranye untuk hiasan

Hiasi dengan sentuhan oranye.

MIMPI VANIL MALIBU

1 bagian rum kelapa Malibu

½ bagian vodka Stoli Vanil

½ bagian jus nanas

MAMA WAN

1 ons. Rum jeruk Cruzan

1 ons. Rum pisang Cruzan

Tuang ke dalam gelas di atas es batu.

RAJA MAMBO

1 ons. Rum Pasir Putih Tommy Bahama

1 ons. rum kelapa

½ ons. Rum Tommy Bahama Golden Sun

½ ons. bir pisang

3 ons. jus nanas

tombak nanas untuk hiasan

Kocok dalam gelas pilsner dengan es. Hiasi dengan tombak nanas.

PEMAKAN MANUSIA

1 ons. Rum Great White Whaler

4 ons. soda

½ ons. Grenadine

ceri untuk hiasan

Tuang ke dalam gelas koktail di atas es. Hiasi dengan ceri.

MANGO BAJITO

1 ons. Kapten Morgan membumbui rum

½ ons. tiga sec

3 ons. jus mangga

percikan sampanye

Aduk rata dengan es serut. Sajikan dalam gelas koktail atau frappé.

MANGGA (ATAU JAMBU) DAIQUIRI

1½ ons. Rum satu barel

½ ons. air jeruk nipis segar

¼ ons. sirup sederhana

¾ ons. nektar mangga (atau nektar jambu biji)

1 sendok teh. Gula

irisan jeruk nipis untuk hiasan

Kocok dengan es dan saring ke dalam gelas martini dingin. Hiasi dengan irisan jeruk nipis.

MIMPI MANGGA BEKU

1¼ ons. Rum mangga Kapten Morgan Parrot Bay

½ ons. Amaretto

½ ons. tiga sec

2 ons. jus jeruk

1 sendok es krim vanila

roda oranye untuk hiasan

Blender hingga halus dengan 1 cangkir es dan tuangkan ke dalam gelas. Hiasi dengan roda oranye.

MANGO MADRAS

1½ ons. Rum mangga Parrot Bay

2 ons. Jus cranberry

2 ons. jus jeruk

irisan jeruk untuk hiasan

Tuang ke dalam gelas di atas es dan aduk. Hiasi dengan irisan jeruk.

MANGGA MAI TAI

1¼oz. Rum mangga Kapten Morgan Parrot Bay

1½ ons. campuran margarita

1½ ons. jus nanas

¼ ons. Sirup Orgeat

¼ ons. Grenadine

irisan nanas untuk hiasan

ceri bertangkai untuk hiasan

Kocok dengan es dan tuangkan ke dalam gelas. Hiasi dengan irisan nanas dan ceri bertangkai.

MANGGA MAMBO

1½ ons. Schnapp mangga Hiram Walker

1½ ons. Rum pisang tropis Malibu

Kocok dengan es. Sajikan langsung dalam gelas martini dingin.

SPARKLER MANGGA

¾ ons. Rum satu barel

¾ ons. nektar mangga

2 ons. Sampanye Moët nektar

Aduk dengan es dan saring menjadi seruling sampanye dingin.

MARTI MOJO

1 bagian rum Marti Autentico

1 bagian jus nanas

1 bagian jus cranberry

setangkai mint untuk hiasan

nanas untuk hiasan

Kocok rata dan sajikan dalam gelas martini. Hiasi dengan daun mint segar dan nanas.

MARY PICKFORD

1½ ons. Rum putih Puerto Rico

1½ ons. jus nanas

percikan granatin

Kocok dengan 1 sendok es serut.

KHUSUS MIAMI

1 ons. Rum ringan Bacardi

¼ ons. Hiram Walker white creme de menthe

¾ ons. jus lemon atau jus jeruk nipis Rose

Kocok dan tuangkan ke dalam gelas martini dingin.

JUTAWAN

¾ ons. Kapten Morgan Rum asli berbumbu

½ ons. minuman keras creme de pisang

2 ons. jus jeruk

1 ons. campuran asam

½ ons. sirup batangan

½ ons. Grenadine

Haluskan lima bahan pertama dengan 1 cangkir es serut hingga cair. Tambahkan grenadine dan aduk sedikit.

JUTAAN DAN ISTRINYA

1 ons. Rum Mangga Malibu

1 ons. Minuman keras Alize Red Passion

sampanye

sentuhan lemon untuk hiasan

Kocok dua bahan pertama dengan es dan saring ke dalam gelas martini. Taburi dengan sampanye dan hiasi dengan perasan lemon.

KEGILAAN MISI

2 ons. Rum Vanille Whaler

¾ ons. Amaretto

2 ons. jus markisa

2 ons. jus jeruk

irisan jeruk nipis untuk hiasan

ceri untuk hiasan

Isi gelas badai dengan es. Tambahkan bahan ke dalam pengocok koktail dan aduk rata. Tuang di atas es dan hiasi dengan irisan jeruk nipis dan ceri.

MO BAY MARTINI

2 ons. Rum Jamaika Appleton Estate V/X

¼ ons. vermouth ekstra kering

zaitun untuk hiasan

Kocok dengan es dan saring ke dalam gelas martini. Hiasi dengan zaitun.

MOJITO (267 SIGNATURE MANGO)

2½ ons. 267 Infus rum mangga

4 tangkai mint segar (ditambah lagi untuk hiasan)

percikan air soda

irisan jeruk nipis untuk hiasan

Campurkan empat tangkai mint segar di bagian bawah gelas. Tambahkan Infusion Mango Rum dengan sedikit air soda. Hiasi dengan irisan jeruk nipis dan lebih banyak tangkai mint.

MOJITO (PIR Apel)

1 bagian Bacardi Limón

1 bagian Bacardi Big Apple

2 daun mint

2 bagian jus nanas

2 bagian soda klub

2 buah jeruk nipis

1 sendok teh. Gula

Campur gula, daun mint, dan jeruk nipis dalam gelas dan hancurkan hingga rata. Tambahkan Bacardi Limón, Bacardi Big Apple, dan jus nanas, lalu tambahkan soda klub.

MOJITO (LEBAH)

1 bagian Bacardi Rum

3 bagian soda klub

12 daun mint

air perasan ½ jeruk nipis

1 sendok teh. sayang

tangkai mint atau roda jeruk nipis untuk hiasan

Tempatkan daun mint dan es serut dalam gelas. Aduk rata dengan alu. Tambahkan air jeruk nipis, madu, dan Bacardi; aduk rata. Tutupi dengan soda klub, aduk, dan hiasi dengan setangkai mint atau roda jeruk nipis.

MOJITO (BERMUDA EMAS)

2 ons. Rum Bermuda Emas Gosling

6–8 daun spearmint

¼ ons. air jeruk nipis segar

1 sendok teh. serbuk gula sangat halus

½ ons. klub soda

¼ ons. Rum Segel Hitam Gosling

Dalam gelas kuno yang besar, aduk air jeruk nipis, gula, dan daun spearmint (simpan beberapa untuk hiasan), hancurkan spearmint dengan baik. Tambahkan rum dan es Gosling's Gold Bermuda. Taburi dengan percikan soda klub dan pelampung rum Black Seal Gosling. Hiasi dengan sisa daun spearmint.

MOJITO (APEL BESAR)

1 bagian rum Bacardi Big Apple

3 bagian soda klub

12 daun mint

½ jeruk nipis

½ bagian gula

tangkai mint, roda jeruk nipis, atau irisan apel hijau untuk hiasan

Tempatkan daun mint, gula, dan jeruk nipis dalam gelas. Hancurkan dengan alu. Tambahkan rum Bacardi Big Apple, taburi dengan soda klub, aduk rata, dan hiasi dengan setangkai mint dan roda limau atau irisan apel hijau.

MOJITO (BRINLEY LIME)

2 bagian rum jeruk nipis Brinley Gold

3 bagian soda klub

½ jeruk nipis

6 daun mint

1 sendok teh. Gula

Peras dan aduk ½ jeruk nipis. Blender dengan es batu.

MOJITO (COCO RUM)

1 bagian rum Bacardi Coco

3 bagian soda lemon-jeruk nipis

12 daun mint

½ jeruk nipis

tangkai mint untuk hiasan

Tempatkan daun mint dan jeruk nipis dalam gelas dan hancurkan dengan baik. Tambahkan rum dan soda dan hiasi dengan setangkai mint.

MOJITO (MENTIMUN)

1½ ons. 10 rum tebu

1 ons. air jeruk nipis segar

1 ons. sirup sederhana

8–10 daun mint

4 buah timun kupas

soda klub ke atas

irisan/stik mentimun untuk hiasan

Tempatkan sirup sederhana, daun mint, dan mentimun di dasar gelas tinggi. Tekan perlahan dengan muddler. Isi dengan es yang retak. Tambahkan 10 tebu dan air jeruk nipis. Aduk perlahan dan tambahkan soda. Hiasi dengan irisan atau batang mentimun.

MOJITO (JAHE)

1 bagian rum Bacardi

3 bagian bir jahe

12 daun mint

½ jeruk nipis

½ bagian gula sederhana

Sama seperti Bacardi Mojito Asli, tetapi menggunakan bir jahe daripada soda klub.

MOJITO (MELON BESAR)

1 bagian rum Bacardi Grand Melon

3 bagian soda klub

12 daun mint

½ jeruk nipis

½ bagian gula

tangkai mint untuk hiasan

roda jeruk nipis atau irisan semangka untuk hiasan

Tempatkan daun mint, gula, dan jeruk nipis dalam gelas. Hancurkan dengan alu. Tambahkan rum Bacardi Grand Melon, taburi dengan soda klub, aduk rata, dan hiasi dengan setangkai mint dan irisan jeruk nipis atau irisan semangka.

MOJITO (LIMÓN RUM)

1 bagian rum Bacardi Limón

3 bagian soda klub

12 daun mint

½ jeruk nipis

½ bagian gula

tangkai mint untuk hiasan

jeruk nipis atau roda lemon untuk hiasan

Tempatkan daun mint, gula, dan jeruk nipis dalam gelas. Hancurkan dengan alu. Tambahkan rum Bacardi Limón, taburi dengan soda klub, aduk rata dan hiasi dengan setangkai mint dan roda jeruk nipis atau lemon.

MOJITO (BACARDI RENDAH KAL)

1 bagian rum Bacardi

3 bagian soda klub

12 daun mint

½ jeruk nipis

3 paket Splenda

tangkai mint untuk hiasan

irisan jeruk nipis untuk hiasan

Tempatkan daun mint, Splenda, dan jeruk nipis di gelas. Aduk dengan alu. Tambahkan Bacardi, lalu soda klub. Aduk rata dan hiasi dengan daun mint dan irisan jeruk nipis.

MOJITO (MALIBU MANGO)

2½ bagian rum mangga Malibu

½ bagian air jeruk nipis segar

½ bagian sirup sederhana

3–4 tangkai mint (ditambah ekstra untuk hiasan)

3 irisan jeruk nipis (ditambah 1 untuk hiasan)

2–3 percikan soda klub

Tuang air jeruk nipis dan sirup sederhana ke dalam gelas. Tambahkan tangkai mint dan irisan jeruk nipis, dan aduk isinya sampai rata. Tambahkan es, rum mangga Malibu, dan cipratan soda klub. Hiasi dengan irisan jeruk nipis dan daun mint.

MOJITO (BUAH MARKA MALIBU)

2 bagian rum markisa Malibu

3 sdm. jus lemon segar

2 sdm. Gula

klub soda

Mint segar

MOJITO (JUTAAN)

1½ ons. 10 rum tebu

½ ons. sirup sederhana

1 ons. air jeruk nipis segar

8–10 daun mint

percikan sampanye Moët & Chandon

setangkai mint untuk hiasan

Tempatkan sirup sederhana dan daun mint di dasar gelas tinggi. Tekan perlahan dengan muddler. Isi dengan es yang retak. Tambahkan 10 tebu dan air jeruk nipis. Aduk perlahan dan tambahkan sampanye Moët & Chandon. Hiasi dengan setangkai mint.

MOJITO (MALIBU NOCHE BLANCA)

3 bagian rum kelapa Malibu

1 bagian air jeruk nipis segar

1 bagian sirup sederhana

1 bagian soda klub

8 daun mint

roda kapur untuk hiasan

Sajikan dalam gelas Collins. Hiasi dengan roda kapur.

MOJITO (O)

1 bagian rum Bacardi O

3 bagian soda klub

12 daun mint

½ jeruk nipis

½ bagian gula

tangkai mint untuk hiasan

kapur atau roda oranye untuk hiasan

Tempatkan daun mint, gula, dan jeruk nipis dalam gelas. Aduk rata dengan alu. Tambahkan rum Bacardi O, taburi dengan soda klub, aduk rata, dan hiasi dengan setangkai mint dan roda jeruk nipis atau jeruk.

MOJITO (BACARDI ASLI)

1 bagian rum Bacardi

3 bagian soda klub

12 daun mint

½ jeruk nipis

½ bagian gula

tangkai mint atau roda jeruk nipis untuk hiasan

Tempatkan daun mint, gula, dan jeruk nipis dalam gelas. Aduk rata dengan alu. Tambahkan Bacardi, taburi dengan soda klub, aduk rata, dan hiasi dengan setangkai mint atau roda jeruk nipis.

MOJITO (RUM PEACH MERAH)

1 bagian rum Bacardi Peach Red

3 bagian soda klub

12 daun mint

½ persik

½ bagian gula

tangkai mint untuk hiasan

irisan persik untuk hiasan

Tempatkan daun mint, gula, dan persik dalam gelas. Hancurkan dengan alu. Tambahkan rum Bacardi Peach Red, taburi dengan soda klub, aduk rata, dan hiasi dengan setangkai mint dan irisan buah persik.

MOJITO (SONNY'S)

½ jeruk nipis, potong-potong

2 sdm. Gula

½ ons. schnapp peppermint chateaux

1 ons. Rum Bacardi Superior

Es

soda klub ke atas

roda kapur untuk hiasan

Aduk jeruk nipis dan gula di bagian bawah 8 ons. kaca. Tambahkan schnapps, es, dan Bacardi. Taburi dengan soda klub dan hiasi dengan roda jeruk nipis.

MOJITO (PEDAS)

1½ ons. Flor de Cana, rum ekstra kering berusia 4 tahun

2 semangka kubus 1 inci

1 iris jalapeno

10 lembar daun mint segar

¾ ons. air jeruk nipis segar

½ ons. sirup sederhana

1½ ons. klub soda

segitiga semangka untuk hiasan

irisan jalapeño untuk hiasan

setangkai mint untuk hiasan

Dalam gelas pencampur, tambahkan irisan jalapeno diikuti dengan kubus semangka. Bercampur dengan mint. Tambahkan rum ekstra kering Flor de Cana berusia 4 tahun, sirup sederhana, dan air jeruk nipis. Tambahkan es dan kocok. Saring di atas es segar ke dalam gelas highball dan taburi dengan soda klub. Integrasikan soda klub dengan sendok bar. Hiasi dengan segitiga semangka, irisan jalapeño, dan daun mint.

MOJITO (TRADISIONAL/KUBA)

1 ons. Rum ringan Bacardi

1 sendok teh. Gula

1 sendok teh. jus jeruk nipis

Setangkai mint 6 inci

es untuk diisi

3 ons. klub soda

2 garis pahit Angostura

Tempatkan gula, air jeruk nipis, dan mint dalam gelas Collins. Hancurkan batang mint dengan alu dan aduk dengan jus dan gula. Tambahkan rum, tambahkan es ke atas gelas, dan tambahkan soda klub dan pahit. Aduk rata. Menikmati!

MOJITO (KLUB AIR)

1½ ons. Rum ringan Bacardi

½ ons. jus lemon segar

½ ons. air jeruk nipis segar

1 ons. Guarapo (ekstrak tebu)

½ ons. curacao biru

6 daun mint

percikan soda klub

mint segar untuk hiasan

Kocok rata dengan es. Sajikan dalam gelas Collins dan hiasi dengan mint segar.

MOJITO (BERRY LIAR)

1½ ons. Rum Cadangan Pyrat XO

2–3 masing-masing blackberry, blueberry, dan raspberry segar

12–14 daun mint segar

Jus dari 1 jeruk nipis

1 ons. sirup sederhana

semprotkan air soda

setangkai mint untuk hiasan

gula bubuk untuk hiasan

Muddle mint, sirup sederhana, beri liar, dan air jeruk nipis dalam 14 ons. gelas tinggi. Isi gelas dengan es serut, lalu tambahkan rum Pyrat XO Reserve. Aduk rata sampai es berkurang 1/3, lalu tambahkan lebih banyak es serut, aduk sampai kaca mulai membeku di bagian luar. Semprotkan dengan air soda dan aduk untuk terakhir kalinya agar tercampur. Hiasi dengan dua sedotan panjang dan setangkai mint yang telah ditaburi gula halus.

MOJITO (Musim Dingin)

1½ ons. Ron Anejo Pampero Rum utama

¾ ons. jus lemon segar

¼ ons. sirup maple

2 garis pahit Angostura

6 tangkai mint

Campurkan 5 tangkai mint dan pahit dalam shaker. Tambahkan rum Ron Anejo Pampero Especial, jeruk nipis, dan sirup maple. Diamkan selama 1 menit. Kocok keras. Saring ke dalam gelas kuno ganda di atas es segar. Hiasi dengan sisa daun mint. Jika dibuat dengan air panas, menjadi balita.

MOJITO MARTINI

1½ ons. Bacardi Limón

½ ons. vodka lemon

½ jeruk nipis, dibelah empat

8 daun mint

Isi gelas martini dengan es serut hingga dingin. Isi pengocok setengah penuh dengan es serut. Tambahkan sisa bahan, tutup, dan kocok selama sekitar 1 menit. Keluarkan es dari gelas dan tuangkan mojito.

SANGRIA IBU

8 Irisan Apel Merah Lezat

2 jeruk kecil dipotong menjadi empat bagian tipis

12 stroberi, diiris

2 lemon dipotong menjadi irisan tipis

12 ons. jus jeruk segar

12 ons. jus lemon segar

6 ons. sirup sederhana

2 batang kayu manis

8 ons. Rum Cadangan Pyrat XO

8 ons. Citronge

2 botol anggur merah Spanyol

7UP ke atas

Tempatkan bahan di atas, tidak termasuk 7UP, ke dalam wadah kaca besar. Tutup dan dinginkan semalaman. Saat siap untuk disajikan, tuangkan ke dalam teko di atas es, isi 2/3 bagiannya. Tambahkan irisan buah segar dan taburi dengan 7UP. Aduk perlahan agar tercampur. Sajikan dalam gelas anggur di atas es.

KHUSUS MONYET

1 ons. rum gelap

1 ons. Rum ringan

½ ons. pisang, kupas

2 ons. es krim vanila/cokelat

cokelat serut untuk hiasan

Taburi dengan cokelat serut.

KUNCI INGGRIS

1½ ons. Rum Sailor Jerry Spiced Navy

jus jeruk untuk mengisi

Tuangkan rum Sailor Jerry Spiced Navy di atas es dalam gelas Collins. Isi dengan jus grapefruit dan aduk.

MONTEGO MARGARITA

1½ ons. Rum Appleton Estate V/X

½ ons. tiga sec

2 ons. jus lemon atau jeruk nipis

1 sendok es serut

Campur. Sajikan dalam gelas tinggi.

PELAYARAN CAHAYA BULAN

1 ons. Rum raspberry Laksamana Nelson

1 ons. Rum kelapa Laksamana Nelson

1 ons. Vodka

1 ons. Panah sloe gin

½ ons. Amaretto

2 ons. jus jeruk

3 ons. jus nanas

ceri untuk hiasan

sentuhan lemon untuk hiasan

Kocok rata dan tuangkan ke dalam gelas tinggi di atas es. Hiasi dengan cherry dan lemon twist.

BOLA MORGAN

1¼ ons. Kapten Morgan Rum Asli Berbumbu

3 ons. jus nanas

crème de menthe putih untuk mengapung

Haluskan dua bahan pertama dengan es. Float creme de menthe putih. Sajikan dalam gelas tinggi.

JOLLY ROGER MORGAN

¾ ons. Kapten Morgan Rum asli berbumbu

¾ ons. schnapp kayu manis

Sajikan sebagai tembakan.

PEMERAH MERAH MORGAN

1 ons. Kapten Morgan Rum asli berbumbu

½ ons. brendi blackberry

2 ons. jus nanas

½ ons. jus lemon

Mengaduk.

ALEXANDER RUM BUMBU MORGAN

1 ons. Kapten Morgan Rum asli berbumbu

½ ons. krim cokelat

1 ons. krim kental

parutan pala untuk taburan

Kocok dan saring ke dalam gelas. Debu dengan pala.

PEREMPUAN MORGAN

¾ ons. Kapten Morgan Rum asli berbumbu

¾ ons. Amaretto

dark crème de cacao untuk mengapung

Sajikan sebagai tembakan.

GUNUNG GAY GRINDER

1½ ons. Rum Gunung Gay

jus cranberry untuk diisi

percikan 7UP

Sajikan dalam gelas tinggi.

BAPAK. MENJILAT

1 ons. Rum Segel Hitam Gosling

1 ons. minuman keras aprikot

jus nanas untuk diisi

percikan granatin

Kocok di atas es dan sajikan di atas batu.

MTB & JAHE

1½ bagian rum pisang tropis Malibu

bir jahe

irisan lemon untuk hiasan

Hiasi dengan irisan lemon.

SUARA TEREDAM

1 ons. Rum Newfoundland Screech

¼ ons. triple sec atau Grand Marnier

2 ons. krim (atau susu

Lapisi Newfoundland Screech dan triple sec atau Grand Marnier di atas beberapa es batu dalam gelas. Taburi dengan krim atau susu. Tidak ada yang bisa mendengarmu berteriak...

Apel MYERS

1½ gelas rum Myers

1 irisan jeruk

6 ons. sari panas

Aduk dalam cangkir tahan panas.

GELOMBANG PANAS MYERS

¾ ons. Rum gelap asli Myers

½ ons. schnapp persik

6 ons. jus nanas

1 percikan granatin

Tuangkan dua bahan pertama ke dalam gelas di atas es. Isi dengan jus dan atasnya dengan grenadine.

POT MADU MYERS

2 ons. Rum Myers

1 sendok teh. sayang

6 ons. air panas

sejumput pala parut

Di bagian bawah cangkir tahan panas, aduk madu dan rum Myers hingga madu larut. Isi dengan air panas. Aduk sampai rata. Taburi dengan pala. Jika diinginkan, tetes tebu bisa diganti dengan madu.

TETESAN LEMON MYERS

1 teguk rum Myers

2–3 gumpalan gula

jus ½ lemon

6 ons. air panas

1 batang kayu manis

Dalam cangkir tahan panas, aduk gula, rum Myers, dan jus lemon hingga gula larut. Tambahkan air panas. Aduk dengan batang kayu manis hingga tercampur rata.

Kadal lounge myers

1 ons. Rum Myers

½ ons. Leroux amaretto

cola untuk diisi

irisan jeruk nipis untuk hiasan

Campurkan dua bahan pertama dalam gelas tinggi di atas es. Isi dengan cola. Hiasi dengan irisan jeruk nipis.

RUM MYERS DAN COCOA PANAS TROPIS

16 ons. Rum Myers

4 ons. cokelat panas pahit

stroberi berlapis cokelat untuk hiasan

Tuang ke dalam cangkir dan taburi dengan ikal cokelat pahit yang dicukur. Hiasi dengan stroberi berlapis cokelat.

RUM BAREL MYERS

1 teguk rum Myers

8 ons. minuman rasa cola panas

irisan lemon untuk hiasan

Aduk perlahan dalam gelas atau mug tahan panas. Hiasi dengan irisan lemon.

RUM MYERS NYAMAN

2 ons. Rum Myers

1 sendok teh. Gula

6 ons. teh hangat

½ ons. tiga sec

sejumput pala

Aduk empat bahan pertama dalam cangkir tahan panas. Taburi dengan pala.

GROG LIBURAN RUM MYERS

1 ons. Rum Myers

4 ons. sari apel segar, panas

roda lemon dan jeruk yang diiris tipis bertatahkan cengkeh untuk hiasan

Tuang ke dalam cangkir. Hiasi dengan roda lemon dan oranye.

LIBURAN RUM MYERS NOG

4 ons. Rum Myers

1 liter es krim vanilla rendah lemak yang dilelehkan

ceri maraschino untuk hiasan

tangkai mint untuk hiasan

Campur dalam mangkuk besar dan dinginkan. Tuang ke dalam seruling sampanye dan hiasi masing-masing dengan ceri maraschino dan setangkai mint segar. Porsi 6 sampai 8.

PUKULAN PENANAM RUM MYERS

1¼ ons. Rum Myers

3 ons. jus jeruk

jus? lemon atau jeruk nipis

1 sendok teh. serbuk gula sangat halus

lari grenadin

irisan jeruk untuk hiasan

ceri maraschino untuk hiasan

Kocok atau blender hingga berbusa. Sajikan di atas es serut dalam gelas highball. Hiasi dengan irisan jeruk dan ceri maraschino.

SHARKBITE RUM MYERS

1¼ ons. Rum Myers

jus jeruk untuk diisi

percikan grenadine Rose

Tuang rum Myers ke dalam gelas di atas es batu. Isi dengan jus jeruk dan tambahkan sedikit grenadine Rose.

KOKTAIL RUM SUNSHINE MYERS

1¼ ons. Rum Myers

2 ons. jus jeruk

2 ons. jus anggur

½ sdt. serbuk gula sangat halus

sejumput pahit Angostura

ceri untuk hiasan

Kocok dengan es sampai berbusa dan saring ke dalam gelas highball di atas es serut. Hiasi dengan ceri.

SIZZLER MYERS

1 teguk rum Myers

1 sendok teh. kakao bubuk

1 sendok teh. Gula

1 cangkir susu mendidih

krim kocok manis ke atas

kopi instan atau coklat bubuk untuk taburan

Dalam cangkir tahan panas, aduk kakao dan gula. Tambahkan susu panas dan rum Myers. Aduk hingga kakao larut. Taburi dengan krim kocok dan taburi dengan kopi instan atau coklat.

www.ingramcontent.com/pod-product-compliance
Lightning Source LLC
LaVergne TN
LVHW011450061026
849535LV00004BA/1024